VADEMECUM
DEL MEDIATORE

Guida operativa per la gestione delle procedure

Sommario

Assegnazione della pratica 1

Fascicolo telematico 4

Accettazione dell'incarico 6

Rifiuto dell'incarico 9

Fascicolo telematico dopo l'accettazione 10

Aggiunta di un nuovo allegato 12

Sessioni 14

Comunicazioni 18

Nuova raccomandata 20

Chiamata in causa..23

Deposito della documentazione durante la sessione 25

Presentazione alla sessione di mediazione di soggetto non aderente alla procedura 27

Proposta di conciliazione 28

Chiusura della procedura...29

Mancata adesione delle parti...30

Consenso allo svolgimento del procedimento...........................30

Adesione parziale 31

Assenza di proposta...36

Presenza di proposta..37

Firmatari del verbale 41

Verbale e chiusura definitiva...42

Sottoscrizione delle parti e degli avvocati...............................44

Allegazione di documenti o di dichiarazioni al verbale............45

Adempimenti finali 47

Assegnazione della pratica

Il primo contatto che il mediatore ha con la nuova pratica assegnatagli è il messaggio di posta elettronica di designazione inviato in automatico dal sistema.

Qualunque sia stato il sistema attraverso il quale l'organismo è pervenuto alla designazione, il sistema elabora un messaggio di posta elettronica certificata e lo invia al conciliatore all'indirizzo di posta elettronica indicata all'atto della registrazione sul sito o successivamente modificato.

Il mediatore a questo punto potrà accedere al fascicolo telematico della pratica, utilizzando la funzione *"Elenco delle pratiche"* del menù *"Pratiche"*.

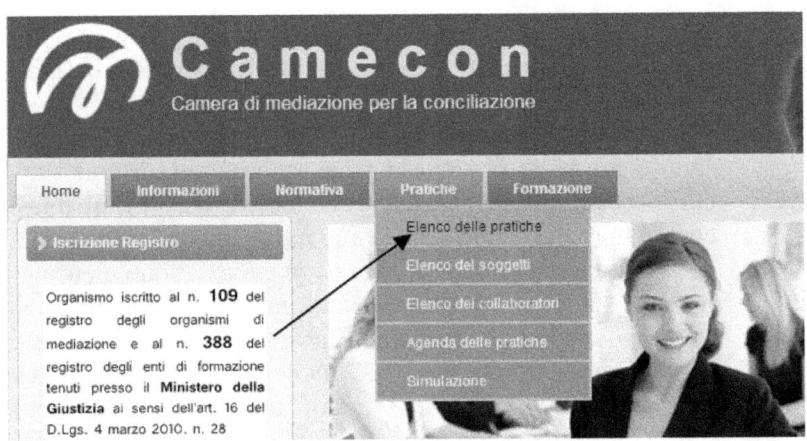

accedendo così alla seguente pagina:

La pagina presenta varie sezioni:

- nella prima, denominata *"Ricerca pratica"*, è possibile ricercare una pratica di cui sono noti il numero di pratica e l'anno;
- nella seconda, denominata *"Pratiche non ancora avviate"*, sono elencate le pratiche appena inserite nel sistema ma la cui procedura non è stata ancora avviata in quanto il conciliatore designato non ha ancora accettato l'incarico;
- nella terza, denominata *"Pratiche in corso"*, sono elencate le pratiche su cui già c'è stata una designazione del conciliatore e conseguente accettazione dell'incarico;
- nella quarta, denominata *"Pratiche chiuse e non ancora archiviate"*, sono elencate le pratiche concluse, cioè su cui è stato già redatto il verbale finale, con o senza esito favorevole, ma su cui debbono ancora compiersi degli adempimenti (pagamenti delle indennità, liquidazione in favore del mediatore, rilascio del verbale, ecc..);
- nella quinta, denominata *"Pratiche archiviate"*, sono elencate le pratiche definitivamente chiuse, su non insistono adempimenti di sorta.

Per ricercare una pratica di cui è noto il numero e l'anno sarà sufficiente indicare i dati negli appositi campi e cliccare sul pulsante *"Cerca"*. Se la pratica è presente in archivio e sempre che il soggetto abbia le necessarie abilitazioni alla consultazione o gestione della stessa, verrà visualizzato il fascicolo telematico della pratica.

Se, invece, viene visualizzato un elenco di pratiche, fra le altre tipologie disponibili, in corrispondenza di ciascuna pratica è presente, sulla destra, nella sezione comandi, un pulsante. Sarà sufficiente cliccare sul pulsante posto in corrispondenza della pratica desiderata per accedere al fascicolo telematico della stessa.

Dopo la comunicazione di designazione da parte del responsabile dell'organismo, la pratica si trova ancora nella fase *"non ancora avviata"*, finché il mediatore non abbia accettato l'incarico. E' in questo elenco, quindi, che verrà visualizzata la pratica appena assegnata al mediatore.

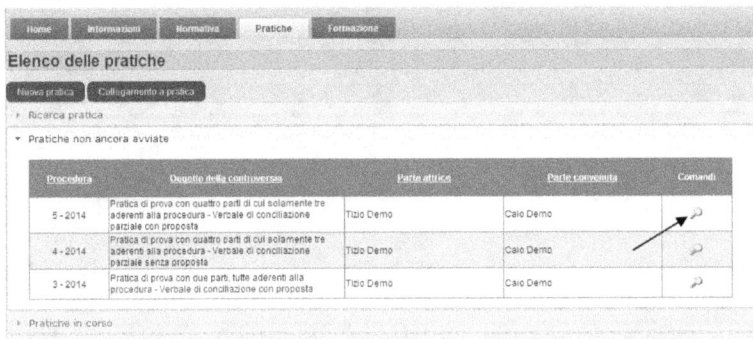

Cliccando sull'unico pulsante presente nella zona *"Comandi"* si potrà accedere alla pratica.

Fascicolo telematico

Al primo accesso alla pratica è possibile visualizzare le informazioni di base sulla pratica (attore, convenuto, legali, oggetto e tipo di conciliazione) e visualizzare i documenti inseriti nel fascicolo (istanza di mediazione ed eventuali allegati prodotti dalla parte istante).

Pratica 5-2014

Controversia:	Tizio Demo / Caio Demo e altri
Oggetto della controversia:	Pratica di prova con quattro parti di cui solamente tre aderenti alla procedura - Verbale di conciliazione parziale con proposta
Argomento:	Condominio
Tipo di mediazione:	Mediazione in presenza
Stato della procedura:	Pratica avviata in data 11-02-2014 e in attesa di accettazione del mediatore
Gruppo:	Non indicato
Conciliatore:	Dott. Conciliatore Demo
Tirocinanti:	
Primo incontro:	Non ancora fissato
Video delle sessioni:	

Posizioni

Posizione processuale	Data collegamento	Data deposito documentazione	Comandi
Parte attrice	11/02/2014	11/02/2014	
Parte convenuta	11/02/2014	11/02/2014	
Altra posizione [1]	11/02/2014	11/02/2014	
Altra posizione [2]			

Soggetti

Soggetto	Posizione	Ruolo	Telefono	Skype	GP	ED
Tizio Demo	Parte attrice	Parte sostanziale				
Caio Demo	Parte convenuta	Parte sostanziale				
Sempronio Demo	Altra posizione [1]	Parte sostanziale				
Mevio Demo	Altra posizione [2]	Parte sostanziale				

Allegati
Nessun documento allegato

Sessioni
Nessuna sessione

Contabilità
Nessuna riscossione

Comunicazioni
Nessuna comunicazione effettuata

Raccomandate Verifica raccomandate
Nessuna raccomandata registrata

Accetta incarico   Data prima convocazione * [   ]
                     Orario * [   ]

Dopo aver studiato la controversia, sulla base dei documenti allegati, ed aver verificato la non sussistenza di cause di incompatibilità con le parti, il conciliatore potrà decidere se accettare o meno l'incarico.
Nel fascicolo sono presenti due sezioni: una per l'accettazione dell'incarico e l'altra per il rifiuto dell'incarico.

Accettazione dell'incarico

La sezione *"Accetta incarico"* è molto importante, in quanto attraverso essa il sistema elabora una serie di documenti e li invia ai soggetti della procedura. Occorre quindi prestare la massima attenzione nell'inserire i dati. La procedura, infatti, una volta avviata, è irreversibile.

Prima di cliccare sul pulsante *"Accetta incarico"* è necessario compilare alcuni campi presenti all'interno della sezione.

I campi sono diversi a seconda che la mediazione sia telematica o in presenza.

In caso di *mediazione telematica* i campi sono solamente due:

Data prima convocazione * [   ] ?

Orario * [   ] ?

Nel campo *"Data prima convocazione"* va indicata la data di prima convocazione delle parti.

La data deve essere compresa fra i 20 ed i 50 giorni dalla data di accettazione dell'incarico. Se, però, tutte le parti verranno avvisate tramite email (in quanto il sistema ne sia a conoscenza) il sistema consente l'indicazione di una data compresa fra 5 e 50 giorni.

Il termine iniziale è previsto in 20 giorni perchè è necessario attendere le ricevute di ritorno delle raccomandate inviate, che mediamente si avranno dopo 15 giorni.

Nella fissazione della data si dovrà anche tenere conto di altri fattori. Ad esempio, se vi sono parti residenti all'estero è bene fissare un termine più lungo. La stessa cosa è a dirsi quando qualcuna delle parti è un ente pubblico, che ha solitamente bisogno di un maggior tempo per deliberare l'adesione alla procedura.

Il campo è assistito da un calendario che si apre automaticamente cliccando sul valore della data. Si può scegliere la data dal calendario o si può immettere il valore manualmente.

Data prima convocazione * __/__/__

Orario *

Cliccando su questo pulsan
"Visualizza" in corrisponden:
Nella sezione documenti d
responsabile dell'organism
Copia dell'atto di accettazio
rispettivi legali, se presenti.
L'accettazione è una proce
della data di prima convo
comunicazioni di rito via en

febbraio, 2014						
lu	ma	me	gi	ve	sa	do
27	28	29	30	31	1	2
3	4	5	6	7	8	9
10	11	12	13	14	15	16
17	18	19	20	21	22	23
24	25	26	27	28	1	2
3	4	5	6	7	8	9

Oggi: febbraio 12, 2014

zione
elenc
tomati

inviatc

da, qu
comr
a tutti

Nel campo *"Orario"* va indicato l'orario di prima convocazione.

In caso di *mediazione in presenza* la sezione presenta alcuni campi aggiuntivi, relativi all'indicazione del luogo ove si svolgerà la sessione di mediazione.

Data prima convocazione *

Orario *

Indicazione del luogo dove si svolgerà la prima sessione di mediazione:

Indirizzo *	Via Appia, 100
Comune *	Roma
Provincia *	RM
Indicazioni utili	citofonare "Camecon"

Cliccando su questo pulsante verrà elaborato l'atto di accettazione dell'incarico di conciliatore, visualizzabile cliccando sul link "Visualizza" in corrispondenza della relativa registrazione nell'elenco dei documenti.
Nella sezione documenti della pratica sarà inserito in automatico l'atto di designazione come conciliatore a firma del responsabile dell'organismo.
Copia dell'atto di accettazione sarà allegato alla pratica ed inviato via email, unitamente alla designazione, alle parti ed ai rispettivi legali, se presenti.
L'accettazione è una procedura irreversibile! Si raccomanda, quindi, di prestare la massima attenzione nell'inserimento della data di prima convocazione delle parti, evitando di commettere errori. Il sistema, infatti, invia in automatico le comunicazioni di rito via email, via fax o via raccomandata a tutti i soggetti della procedura.

Il sistema propone, per la prima volta, l'indirizzo del mediatore registrato sulla banca dati. In caso di modifica, per le successive sessioni proporrà l'indirizzo modificato.

Nella sezione *"Indicazioni utili"* il mediatore potrà suggerire eventuali indicazioni stradali, nel caso non sia facile trovare il luogo, o fornire informazioni sulla dicitura presente sul citofono, su cosa richiedere all'eventuale portiere, o altre informazioni ritenute comunque utili. Tutto quanto indicato in questo campo sarà riportato nella lettera di invito.

Dopo avere valorizzato i campi della sezione, cliccando sul pulsante *"Accetta incarico"* il sistema compila in automatico tre documenti:

1. l'atto di designazione a firma del responsabile dell'organismo

2. l'atto di accettazione dell'incarico a firma del mediatore designato
3. la comunicazione di prima convocazione personalizzata per ciascun soggetto, con i dati riservati per il collegamento alla pratica o per l'adesione alla procedura.

Gli atti saranno subito visibili nella sezione *"Allegati"* della pratica.

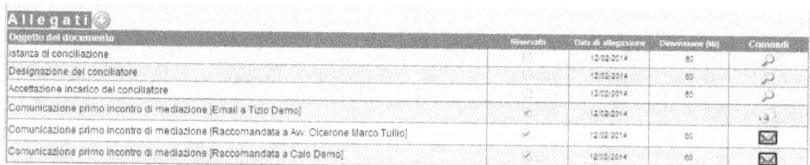

La comunicazione di prima convocazione viene inviata in automatico dal sistema, tramite messaggio di posta elettronica, tramite fax o tramite raccomandata con avviso di ricevimento.

Il mediatore non deve pensare ad altro. All'invio, anche delle raccomandate, provvede il sistema in automatico.

Rifiuto dell'incarico

Se il conciliatore, invece, rifiuta l'incarico il sistema provvederà ad assegnare la controversia ad altro conciliatore ed inibirà l'accesso futuro alla pratica al conciliatore che ha rifiutato.

Il conciliatore deve indicare il motivo del rifiuto, ai sensi dell'art. 9, comma 2, del D.M. 180 del 2010. In mancanza di indicazione del motivo, il sistema non avvierà la procedura di rifiuto.

Nel caso in cui anche una sola delle parti in causa sia ammessa al gratuito patrocinio e si tratti di mediazione obbligatoria, il conciliatore non potrà rifiutare più di tre controversie nel corso dell'anno. Se lo fa, comunque, il sistema lo accetta, ma non gli saranno più assegnate in automatico altre controversie nel corso dell'anno. Gli verranno assegnate unicamente le controversie dove le parti abbiano entrambe indicato la preferenza per il suo nominativo o quelle dove ci sia stata una predesignazione del referente del gruppo di promozione.

Per consentire al mediatore di rendersi conto che si tratti di una pratica ove sia stata applicata, anche ad una sola delle parti, la disciplina speciale del gratuito patrocinio, è riportata apposita colonna in corrispondenza di ciascun soggetto.

Soggetti						
Soggetto	Posizione	Ruolo	Telefono	Skype	GP	ED
Tizio Demo	Parte attrice	Parte sostanziale				
Avv. Cicerone Marco Tullio	Parte attrice	Legale				
Caio Demo	Parte convenuta	Parte sostanziale				

Fascicolo telematico dopo l'accettazione

Subito dopo l'accettazione dell'incarico saranno visualizzate le seguenti sezioni del fascicolo telematico:

Nella parte superiore della pagina del fascicolo telematico, in corrispondenza dei nominativi delle parti e dei legali sarà possibile visualizzare dei link contenenti i numeri di telefono fisso e gli account skype dei soggetti.

Cliccando su ciascuno di questi link il sistema provvederà ad effettuare le chiamate per le sessioni di mediazioni.

In corrispondenza di ciascun soggetto sono presenti, nella parte destra, due colonne indicanti la prima (GP) l'ammissione al gratuito patrocinio del soggetto, la seconda (ED) l'elezione di domicilio. In caso di soggetto con domicilio eletto (in genere si tratta del legale) le comunicazioni (email, raccomandate e fax) indirizzate ai soggetti della medesima posizione processuale vengono recapitati esclusivamente al soggetto selezionato.

Aggiunta di un nuovo allegato

Attraverso la sezione *"Aggiungi nuovo allegato"* è possibile per il mediatore inserire un nuovo allegato all'interno del fascicolo.

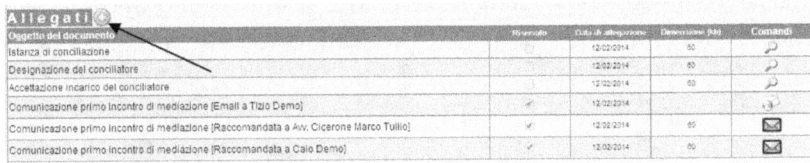

Dopo aver cliccato sul pulsante *"Aggiungi nuovo allegato"* la sezione assumerà il seguente aspetto:

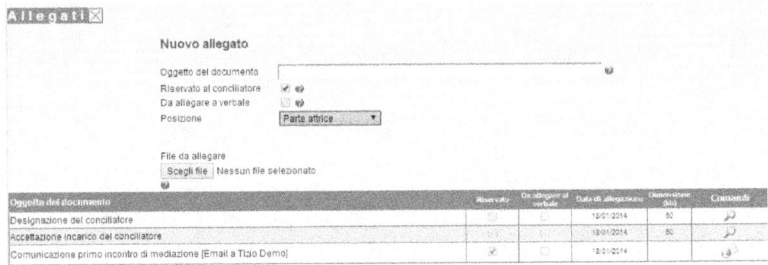

Indicare nel campo *"Oggetto del documento"* la descrizione del documento da allegare. Tale campo non deve necessariamente corrispondere al nome del file. Anzi, in genere è diverso, dovendo descrivere in dettaglio il documento. Il campo, comunque, non è obbligatorio. Infatti, se non compilato, il valore dell'oggetto del documento viene valorizzato sulla base del nome del file.

Il campo *"Riservato al conciliatore"* deve essere selezionato se le parti non possono avere accesso in visualizzazione al documento. Questo campo è utile qualora il conciliatore voglia inserire nel fascicolo dei documenti riservati (appunti, relazioni, bozze, ecc..). Se il campo, invece, non viene selezionato, il documento allegato sarà visibile da tutte le parti del procedimento. Si raccomanda di selezionare il campo, se si vuole inibire la visualizzazione alle parti, prima di selezionare il file, in quanto dopo la selezione l'upload del file viene avviato automaticamente dal sistema.

Il campo *"File da allegare"* serve per indicare al sistema il file da allegare al fascicolo. Sul campo non va digitato alcun dato. Bisogna cliccare sul pulsante *"Sfoglia"* e quindi scegliere, dalle risorse del proprio computer, il file da allegare. Dopo la selezione del file il sistema in automatico inizierà il caricamento del file sul server ed allegherà il documento al fascicolo.

Il sistema di allegazione dei documenti sul fascicolo è uno strumento molto performante, ma da usare con la dovuta oculatezza, con particolare riguardo al rispetto della privacy. Il mediatore, infatti, deve assolutamente evitare di allegare in modo non riservato documenti che gli sono stati forniti da una delle parti durante una sessione riservata. Questo, infatti, potrebbe essere fonte di responsabilità per il mediatore e per l'organismo. Occorre tenere presente che i documenti possono essere allegati, oltre che dal mediatore, anche dalle singole parti e dai rispettivi legali. E' bene che siano le parti stesse a decidere cosa allegare e con quale livello di riservatezza ed a farlo direttamente.

Sessioni

Dopo l'accettazione dell'incarico viene inserita automaticamente dal sistema la data del primo incontro di mediazione fissata dal mediatore.

Il giorno della sessione il mediatore potrà inserire proprie annotazioni cliccando sul pulsante *"Modifica"* in corrispondenza della sessione.

Dopo aver cliccato sul pulsante *"Modifica"* la riga assumerà il seguente aspetto:

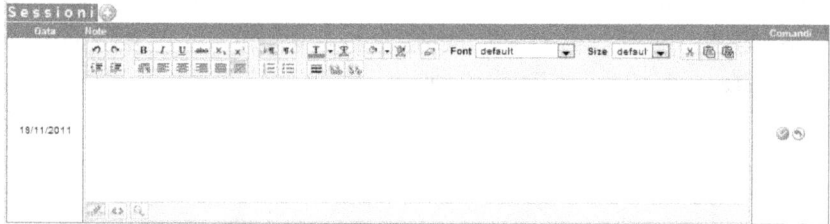

Dopo aver inserito il testo si dovrà cliccare sul pulsante di salvataggio presente nella colonna comandi, a destra della riga, o annullare le modifiche.

Tutte le annotazioni inserite saranno unicamente a vantaggio della memoria del mediatore e non saranno visibili da nessuna delle parti, né verranno riportate in atti ufficiali.

Qualora il mediatore rinvii la sessione o ne convochi una nuova dovrà inserirla cliccando sul pulsante *"Nuova sessione"*.

Cliccando su questo pulsante la sezione assumerà il seguente aspetto:

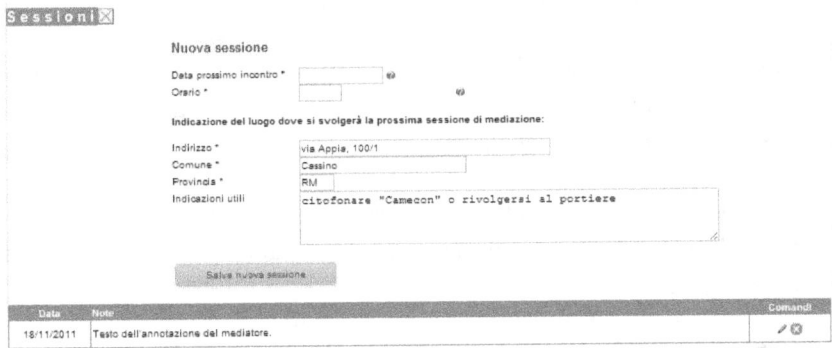

Riempire i campi, così come già fatto in fase di accettazione dell'incarico, e salvare la nuova sessione cliccando sul pulsante *"Salva nuova sessione"*.

E' anche possibile eliminare una sessione cliccando sul pulsante *"Elimina"* presente nella colonna comandi.

L'aggiornamento delle sessioni è una cosa molto importante in

16

quanto consente di tenere in evidenza le prossime sessioni del mediatore (nella sezione *"Agenda delle pratiche"* del menù *"Pratiche"*) e l'agenda dei tirocinanti, utile per una migliore assistenza ai tirocinanti.

Ma c'è un motivo ancor più importante per tenere correttamente aggiornata questa sezione.

L'art. 17, comma 5-ter, del D.Lgs. 28/2010 dispone che *"nel caso di mancato accordo all'esito del primo incontro, nessun compenso è dovuto per l'organismo di mediazione"*.

Il sistema di conteggio automatico delle spese di mediazione all'atto della chiusura del procedimento è stato adeguato alla predetta disposizione.

Infatti, in caso di mancato accordo il sistema verifica il numero delle sessioni di mediazione svolte, non effettuando il conteggio secondo tariffa nel caso in cui il numero delle sessioni di mediazione sia inferiore a due.

E' assolutamente indispensabile, pertanto, che la sezione *"Sessioni"* del fascicolo telematico venga costantemente aggiornata e verificata prima della chiusura della procedura.

In aggiunta alla verifica del numero delle sessioni, il sistema, all'atto della chiusura del procedimento, richiede di conoscere chi, fra le parti ed i rispettivi legali, ha prestato il proprio consenso allo svolgimento della procedura ai sensi dell'art. 8, comma 1, quarto periodo, del D.Lgs. 28/2010. Solamente in caso di unanimità di consenso di tutti i partecipanti, il sistema effettua il conteggio secondo tariffa.

Comunicazioni

Mediante la sezione *"Comunicazioni"* il mediatore può inviare delle comunicazioni alle parti ed ai rispettivi legali, se presenti.

Cliccando sul pulsante *"Nuova comunicazione"* verrà visualizza la sezione relativa, con i rispettivi campi pronti per essere compilati.

Comunicazioni ⊠

Nuova comunicazione

Modello	

Destinatari

☐ Tizio Demo (*Tramite Email*) ☐ Avv. Cicerone Marco Tullio (*Tramite Raccomandata*)
☐ Caio Demo (*Tramite Raccomandata*)

Oggetto

☐ Allega istanza di conciliazione

Invia comunicazione

Il primo campo *"Modello"* consente di selezionare uno fra i modelli di comunicazione presenti. I valori del campo dipendono dal titolo di conciliazione (telematica o in presenza). Lasciando il campo non valorizzato, la comunicazione è libera. In tal caso andrà scritto interamente l'oggetto ed il testo della comunicazione. Se, invece, viene selezionato un tipo di modello, dopo qualche secondo (in ragione della velocità di connessione) verranno valorizzati sia l'oggetto che il testo della comunicazione. Il testo, comunque, va modificato prima dell'invio, essendo il modello una semplice traccia.

I campi *"Destinatari"* consentono la selezione o deselezione dei destinatari della comunicazione. Ad esempio, dovendo convocare una sessione congiunta, lasceremo tutti i soggetti selezionati. Ma se dovessimo convocare una sessione riservata, andremmo a selezionare solamente i soggetti da convocare.

Selezionando il campo *"Allega istanza di conciliazione"* il sistema allegherà alla comunicazione l'istanza di conciliazione. L'allegazione dell'istanza è utile in alcuni casi particolari; ad esempio, quando si invia un invito semplificato al primo incontro, quanto il primo invito elaborato dal sistema non è stato consegnato per disguidi postali o altro.

Dopo che il messaggio è completo e pronto per l'invio, sarà sufficiente cliccare sul pulsante *"Invia comunicazione"*. Il sistema provvederà in automatico alla consegna secondo le seguenti specifiche: se il soggetto destinatario possiede un indirizzo di posta elettronica, il messaggio viene inviato prioritariamente per posta elettronica; se il soggetto non possiede un indirizzo di posta elettronica, ma possiede un fax automatico, il messaggio viene inviato in automatico al fax indicato. Se del soggetto il sistema non conosce né email né fax, verrà inviata una raccomandata con ricevuta di ritorno.

Il costo dei fax e delle raccomandate verranno addebitati alle parti all'atto della liquidazione del saldo dovuto, secondo quanto prescrive l'art. 14, comma 3, del regolamento di procedura.

Dopo l'invio della comunicazione, nella sezione verrà visualizzato un riepilogo dell'esito dell'invio della comunicazione a ciascun destinatario, con indicato il relativo sistema di inoltro.

Comunicazioni				
Oggetto	Data	Risultato invio	Inviato da	Comandi
Prova di comunicazione	22/10/2011	Tizio Demo [Tramite Raccomandata] Caio Demo [Tramite Raccomandata]	Conciliatore (simulazione)	

Questo serve al conciliatore per verificare i soggetti a cui sia stata inviata la comunicazione.

I documenti inviati saranno visibili nella sezione *"Allegati"* del fascicolo. Le raccomandate inviate saranno visibili nella sezione *"Raccomandate"*.

Nuova raccomandata

La sezione consente di inserire i dati di una raccomandata inviata dal mediatore a soggetti estranei alla procedura, ai fini del rimborso delle spese che l'organismo effettuerà dopo la chiusura della procedura.

Le comunicazioni a soggetti estranei alla procedura sono una eccezione da usare con assoluta parsimonia. Occorre sempre tener presente che una delle principali responsabilità che incombono sul mediatore e sull'organismo può derivare dalla violazione dei doveri di riservatezza. Quindi, prima di contattare estranei occorre sempre chiedere consenso (preferibilmente scritto) ai soggetti della procedura.

Se ad esempio i soggetti, durante una delle sessioni, concordano nell'invitare un terzo che è a conoscenza di particolari fatti o su cui ripongano entrambe particolare fiducia, il mediatore potrà invitare il soggetto con raccomandata da lui elaborata. Il sistema infatti non consente alcuna automazione per le comunicazioni a terzi.

E' bene non eccedere con le comunicazioni via raccomandata, visto che il costo grava sempre sulle parti. Non occorre mai dimenticare che la procedura di mediazione sarà tanto più apprezzata quanto più sarà veloce, sicura e poco onerosa.

Le date delle sessioni successive alla prima potranno ben essere concordate durante il primo incontro oppure concordate anche telefonicamente. Il procedimento deve essere improntato alla assoluta informalità.

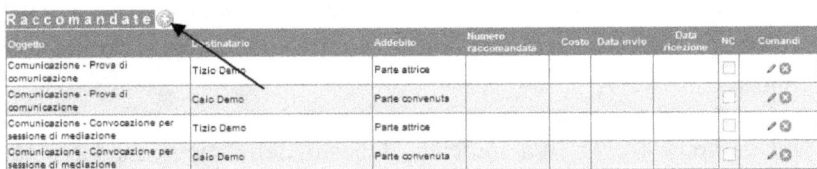

Cliccando sul pulsante *"Nuova raccomandata"* viene visualizzata la seguente sezione, contenente i dati da compilare.

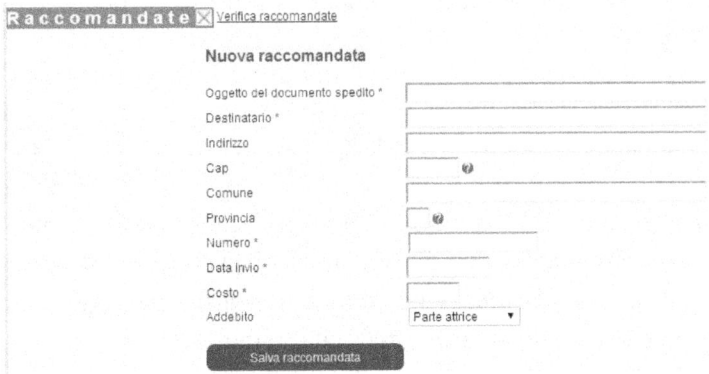

I campi contrassegnati dal simbolo * sono obbligatori.

Nel campo *"Oggetto del documento spedito"* va indicato sommariamente il contenuto del documento che è stato spedito.

Nel campo *"Destinatario"* va indicato il cognome ed il nome o la denominazione del destinatario.

Nel campo *"Numero"* indicare il numero della raccomandata, prestando attenzione ad inserire tutti le cifre e l'eventuale carattere di controllo.

Nel campo *"Costo"* va indicato il costo della raccomandata, per come risultante dalla ricevuta.

Il campo *"Addebito"* serve per indicare a quale parte va addebitato il costo della raccomandata. In genere si addebita alla parte nel cui interesse è effettuata la raccomandata. Da questa indicazione consegue l'automatico addebito in fattura alla parte alla chiusura del procedimento. La fattura, peraltro, riporterà in dettaglio i valori immessi nei campi obbligatori (oggetto, destinatario, numero, data e costo).

Il mediatore deve custodire la ricevuta di trasmissione della raccomandata, riportante il relativo costo, e la ricevuta di ritorno. Esse andranno allegate alla fattura pro-forma, da consegnare all'organismo ai fini della liquidazione del compenso unitamente al fascicolo del mediatore ed al verbale di chiusura del procedimento. Nell fattura di liquidazione del compenso tale spesa andrà opportunamente indicata come spesa da rimborsare.

Dopo la compilazione dei campi, sarà sufficiente cliccare sul pulsante *"Salva raccomandata"*. I dati verranno salvati e nell'elenco delle raccomandate verrà visualizzata la raccomandata inserita.

In caso di errori di digitazione è possibile eliminare l'intera registrazione, cliccando sul link *"Elimina"*. Quindi procedere con una nuova registrazione.

Chiamata in causa

Può capitare che una delle parti inizialmente facente parte del procedimento ravvisi la necessità di chiamare a partecipare alla procedura un terzo soggetto, non indicato dalla parte istante.

Ipotesi tipica è quella della chiamata in causa dell'assicurazione, tenuta a garantire la parte convenuta.

In tal caso chi intende chiamare in causa un terzo deve farne espressa richiesta al mediatore o all'organismo.

Se la richiesta viene presentata al mediatore, occorre informare la segreteria dell'organismo, anche con messaggio di posta elettronica.

La segreteria dell'organismo inserirà il soggetto nella pratica.

Dopo l'inserimento, il mediatore potrà effettuare la chiamata in causa utilizzando la seguente sezione che sarà visualizzata.

La compilazione dei campi è identica a quella già vista per l'accettazione dell'incarico.

Dopo aver cliccato sul pulsante *"Chiama in causa"* il sistema provvederà ad elaborare le convocazioni e ad inviarle. Gli atti elaborati saranno visibile nella sezione *"Allegati"*.

Le comunicazioni vengono effettuate esclusivamente ai terzi chiamati in causa. Quindi, se contestualmente viene spostata la sessione di mediazione già programmata, occorre effettuare comunicazioni agli altri soggetti utilizzando la sezione *"Comunicazioni"*.

Deposito della documentazione durante la sessione

Il regolamento di procedura prevede che le controparti possano aderire alla procedura con una delle modalità previste dall'art. 15 (invio di email, fax o raccomandata all'organismo).

Nell'ottica di agevolare quanto più possibile la conciliazione fra le parti, il mediatore non deve, comunque, rifiutare un eventuale deposito dell'atto di adesione richiesto da una parti durante la sessione di mediazione.

In questo caso effettuerà lui stesso la trasmissione via fax o via email alla segreteria dell'organismo o ne curerà l'allegazione al fascicolo.

Qualora, contestualmente alla sessione in cui avviene il deposito dell'atto di adesione di una o più parti, il mediatore decida di chiudere la procedura, è assolutamente importante che inserisca la data di deposito in corrispondenza della parte processuale depositante. Se si dimentica di farlo, nel redigendo verbale la parte verrà riportata come non aderente alla procedura, nonostante l'avvenuto deposito durante la sessione.

Per attestare l'avvenuto deposito occorre individuare nel fascicolo telematico la posizione processuale corrispondente al soggetto depositante e quindi modificare la posizione.

Posizioni			
Posizione processuale	Data collegamento	Data deposito documentazione	Comandi
Parte attrice	22/10/2011	22/10/2011	
Parte convenuta		22/10/2011	
Altra posizione [1]			
Altra posizione [2]			

Dopo aver cliccato sul pulsante di modifica, la riga della posizione assumerà il seguente aspetto, consentendo l'inserimento della data del deposito.

Posizioni			
Posizione processuale	Data collegamento	Data deposito documentazione	Comandi
Parte attrice	22/10/2011	22/10/2011	✎
Parte convenuta		22/10/2011	✎
Altra posizione [1]			⊘ ↺
Altra posizione [2]			✎

Dopo l'inserimento della data, cliccare sul pulsante di salvataggio delle modifiche presente nella colonna *"Comandi"*.

Posizioni			
Posizione processuale	Data collegamento	Data deposito documentazione	Comandi
Parte attrice	22/10/2011	22/10/2011	✎
Parte convenuta		22/10/2011	✎
Altra posizione [1]		28/10/2011	⊘ ↺
Altra posizione [2]			✎

A questo punto il deposito sarà perfezionato e la partecipazione al procedimento dei soggetti corrispondenti alla posizione processuale sarà attestata nel redigendo verbale.

Posizioni			
Posizione processuale	Data collegamento	Data deposito documentazione	Comandi
Parte attrice	22/10/2011	22/10/2011	✎
Parte convenuta		22/10/2011	✎
Altra posizione [1]		28/10/2011	✎
Altra posizione [2]			✎

Presentazione alla sessione di mediazione di soggetto non aderente alla procedura

Se si presenta alla sessione di mediazione un soggetto che non ha aderito o che non voglia aderire alla procedura, il mediatore non può farlo partecipare alla sessione.

Egli, infatti, non ha alcun diritto a partecipare alla stessa, né può pretendere alcunché in merito alla procedura e meno che mai ha diritto di richiedere che venga accertata la sua presenza nel verbale di chiusura.

Il mediatore lo inviterà ad aderire alla procedura, eventualmente dichiarandosi disponibile a stampare seduta stante il modulo di adesione (reperibile sul sito nella sezione *"Modulistica"* in *Home page*), compilarlo e sottoporglielo alla firma.

Se il soggetto si rifiuta, lo inviterà a lasciare la sessione.

Proposta di conciliazione

Attraverso la sezione *"Proposta di conciliazione"* il mediatore può inserire la proposta di conciliazione ed inviarla alle parti.

Cliccando sul pulsante *"Proposta di conciliazione"* sarà visualizzata la seguente sezione:

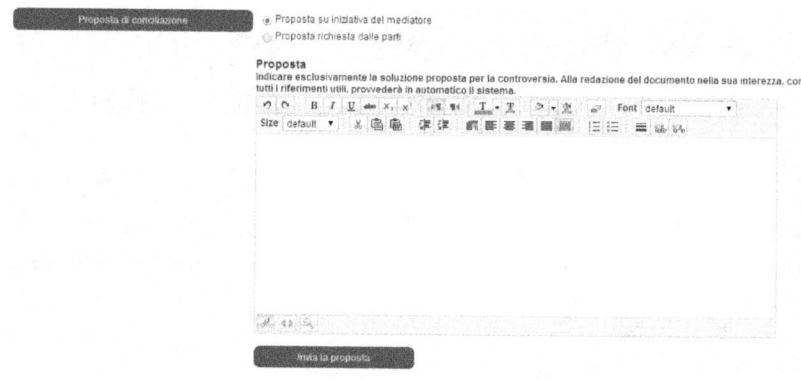

Sarà sufficiente indicare il tipo di proposta (su iniziativa del mediatore o su richiesta delle parti), scrivere il testo della proposta e cliccare sul pulsante *"Invia la proposta"*.

Il testo della proposta deve essere sintetico e contenere esclusivamente la parte negoziale, senza inutili argomentazioni. Non occorre neppure inserire le parti, l'oggetto della controversia o altro, in quanto questi dati vengono inseriti in automatico dal sistema nell'atto che sarà inviato alle parti. E' assolutamente vietato l'inserimento di motivazioni della proposta. La proposta non è una sentenza.

Il sistema provvederà in automatico all'invio della proposta alle parti, mediante messaggio di posta elettronica o, se l'email non è presente in archivio, mediante fax automatico o raccomandata con avviso di ricevimento, addebitando il relativo costo.

Al termine della procedura, verrà visualizzato nella sezione il relativo risultato.

I documenti inviati saranno visibili nella sezione *"Allegati"* del fascicolo. Le raccomandate inviate saranno visibili nella sezione *"Raccomandate"*.

Chiusura della procedura

La sezione *"Chiusura della procedura"* consente di concludere il procedimento di mediazione.

Cliccando sul pulsante *"Chiusura della procedura"* le sezioni che vengono visualizzate differiscono a seconda che le parti abbiamo aderito tutte alla procedura e, nel caso in cui tutte abbiano aderito, a seconda che ci sia stata una proposta oppure no.

Mancata adesione delle parti

In caso di mancata adesione di altre parti oltre quella istante (parte intesa come parte processuale, non certo come soggetto) verrà visualizzata la seguente sezione:

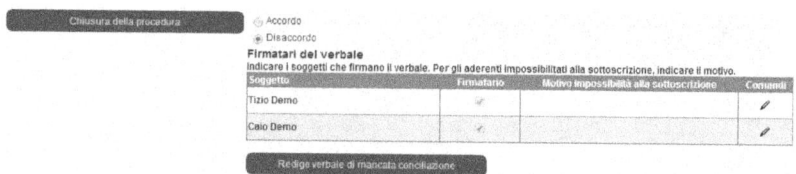

Consenso allo svolgimento del procedimento

L'art. 8, comma 1, terzo e quarto periodo, del D.Lgs. 4 marzo 2010, n. 28 dispone: *"Durante il primo incontro il mediatore chiarisce alle parti la funzione e le modalità di svolgimento della mediazione. Il mediatore, sempre nello stesso primo incontro, invita poi le parti e i loro avvocati a esprimersi sulla possibilità di iniziare la procedura di mediazione e, nel caso positivo, procede con lo svolgimento"*.

Diventa, pertanto, importante acquisire, per ciascun soggetto, il consenso allo svolgimento del procedimento.

Il mediatore dovrà preliminarmente illustrare le finalità della procedura e, solamente dopo l'unanime consenso di tutte le parti e dei rispettivi avvocati, potrà entrare nel merito della questione e tentare una conciliazione.

Onde consentire al sistema di avere contezza di questo unanime consenso, importante non soltanto per la redazione del verbale ma anche per il calcolo della tariffa, viene proposta la seguente sezione:

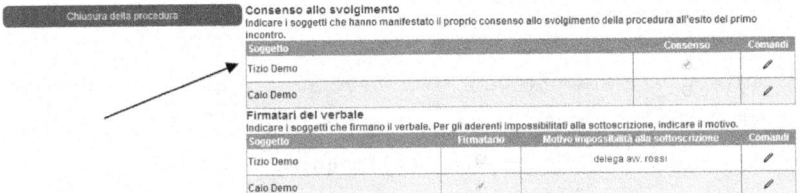

In corrispondenza di ciascun soggetto occorre indicare se lo stesso ha prestato il proprio consenso allo svolgimento della procedura.

Per modificare ciascuna riga è sufficiente cliccare sull'unico pulsante *"Modifica"* presente nella colonna *"Comandi"*, selezionare il valore desiderato nella colonna *"Consenso"* e quindi confermare.

Solamente nel caso di unanime consenso, cioè di selezione di *"Consenso"* per tutti i soggetti, saranno visibili le sezioni relative al possibile accordo totale o parziale.

Adesione parziale

Se al procedimento sono stati iscritti a partecipare più soggetti che rappresentino diverse posizioni processuali, il sistema consente la conclusione dell'accordo parziale, con conseguente verbale di conciliazione parziale, per le fattispecie in cui ciò sia giuridicamente consentito.

Non sempre è giuridicamente possibile effettuare una conciliazione parziale. Se, ad esempio, in una pratica di divisione ereditaria, a cui sono iscritti a partecipare cinque fratelli, aderiscono alla procedura soltanto tre fratelli, essendo necessario per il contratto di divisione la partecipazione unanime dei comunisti, non potrà esserci una conciliazione parziale.

Se, invece, si tratti una controversia relativa a diritti singolarmente disponibili e l'eventuale negozio non contrasti con norme imperative, sarà possibile redigere un verbale di conciliazione parziale.

Allo scopo di consentire la tipologia di scelta secondo il caso, il sistema propone la seguente sezione:

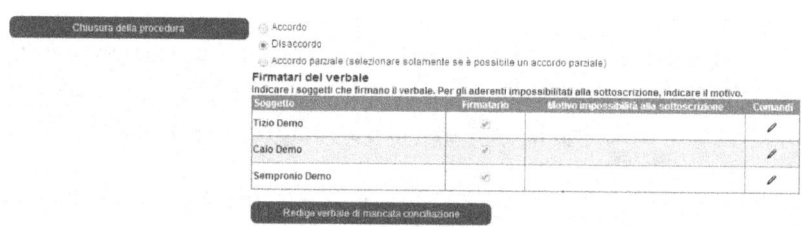

Se si sceglie *"Accordo"* viene proposto il campo dove inserire il testo dell'accordo ed il pulsante assumerà il testo di *"Redige verbale di conciliazione"*.

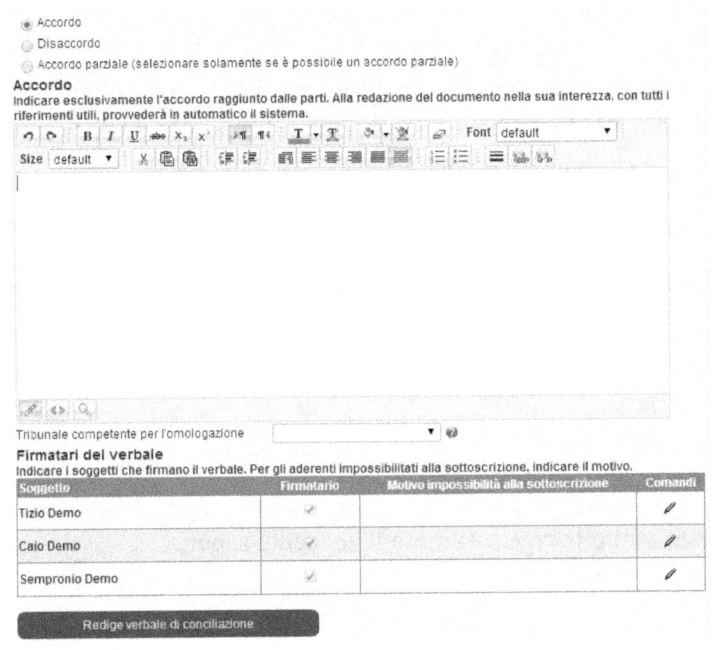

Se si sceglie *"Accordo parziale"* viene proposto l'elenco dei soggetti al fine di indicare quali soggetti hanno raggiungo l'accordo parziale.

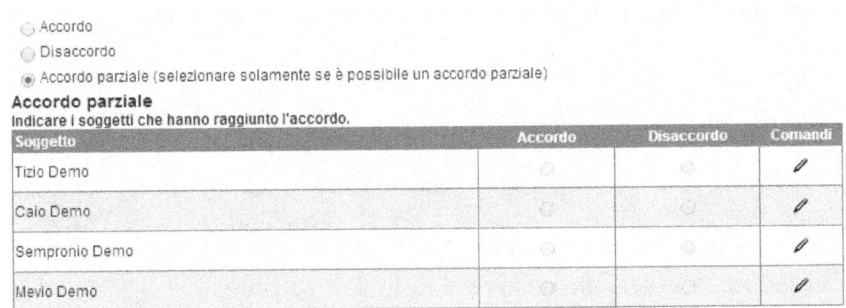

A tal fine occorre, per ciascun soggetto, indicare se d'accordo o in disaccordo. Per far questo cliccare sul pulsante di *"Modifica"* che si trova nella colonna *"Comandi"*,

Soggetto	Accordo	Disaccordo	Comandi
Tizio Demo	○	○	✎
Caio Demo	○	○	✎
Sempronio Demo	○	○	✎

A questo punto la riga assumerà il seguente aspetto:

Soggetto	Accordo	Disaccordo	Comandi
Tizio Demo	○	○	✓ ✗
Caio Demo	○	○	✎
Sempronio Demo	○	○	✎

consentendo la modifica dei campi "Accordo" e "Disaccordo".

Dopo la corretta selezione cliccare sul pulsante *"Conferma modifiche"* che si trova nella colonna *"Comandi"*.

Ripetere l'operazione per ciascun soggetto.

Allorquando almeno due soggetti abbiano raggiunto l'accordo viene visualizzata la sezione relativa al testo dell'accordo.

Accordo parziale
Indicare i soggetti che hanno raggiunto l'accordo.

Soggetto	Accordo	Disaccordo	Comandi
Tizio Demo	●	○	✎
Caio Demo	○	○	✎
Sempronio Demo	●	○	✎
Mevio Demo		○	✎

Accordo
Indicare esclusivamente l'accordo raggiunto dalle parti. Alla redazione del documento nella sua interezza, con tutti i riferimenti utili, provvederà in automatico il sistema.

| ↶ ↷ | **B** *I* <u>U</u> abc X₂ X² | ¶ ¶ | **T** ⊥ | ◇ ▾ ✗ | ✂ | Font | default ▾ |
| Size | default ▾ | ✂ 📋 📋 | ⫶ ⫶ | 📑 ≡ ≡ ≡ ≡ ≡ | ⫶≡ ⫶≡ | ≡ 🔗 🔗 | |

Tribunale competente per l'omologazione [▾] ❓

Inserire il testo dell'accordo, limitandosi alla sola parte negoziale, selezionare il Tribunale competente all'omologazione dell'accordo, inserire i soggetti firmatari o indicare il motivo della impossibilità alla sottoscrizione, quindi cliccare sul pulsante *"Redige verbale di conciliazione parziale"*.

Assenza di proposta

Se tutte le parti hanno aderito e non c'è stata proposta da parte del conciliatore, verrà visualizzata la seguente sezione:

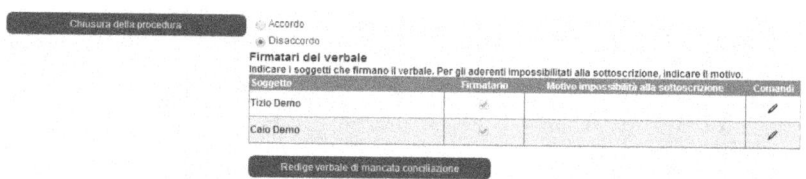

Viene mostrata come opzioni selezionata di default *"Disaccordo"*, in quanto questa è la posizione iniziale delle parti. Cliccando su *"Redige verbale di fine conciliazione"* verrà redatto il verbale.

Selezionando *"Accordo"* appare, dopo qualche secondo (in ragione della velocità di connessione) il campo di testo ove inserire il testo dell'accordo.

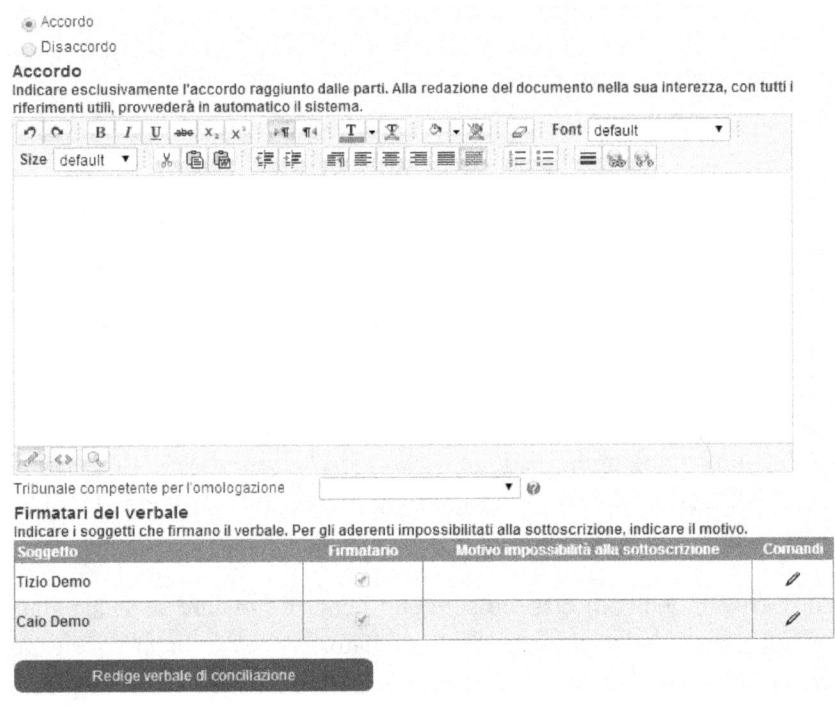

Inserire il testo dell'accordo, il tribunale competente per l'omologazione dell'accordo, i soggetti firmatari o il motivo dell'impossibilità alla sottoscrizione, quindi cliccare su *"Redige verbale di fine conciliazione"*.

Presenza di proposta

In caso, invece, di presenza di proposta di conciliazione la sezione che sarà visualizzata sarà la seguente:

Viene mostrato, nella sezione *"Esito della proposta"*, l'elenco di tutti i soggetti che rivestono un ruolo di parte sostanziale nella procedura.

In corrispondenza di ciascun soggetto occorre indicare se vi sia stata accettazione della proposta del mediatore, se vi sia stato rifiuto espresso o se il soggetto non abbia risposto nei termini di sette giorni previsti per legge.

Per indicare la scelta operata da ciascun soggetto occorre cliccare sul pulsante *"Modifica"* che si trova nella colonna *"Comandi"* della riga corrispondente.

Dopo aver cliccato sul link *"Modifica"*, la parte destra della riga presenterà due pulsanti, uno per salvare le modifiche e l'altro per annullarle.

Soggetto	Accettazione	Rifiuto espresso	Rifiuto tacito	Comandi
Tizio Demo	○	○	○	⊘⊘
Caio Demo	○	○	○	
Sempronio Demo	○	○	○	

Sarà, a questo punto, possibile selezionare l'opzione corrispondente al soggetto ed alla fine salvare le modifiche per confermare.

Ripetere l'operazione per ciascun soggetto.

In caso di accettazione della proposta di un numero di parti processuali superiore ad uno verrà visualizzata la sezione che consente di chiudere il verbale con la conciliazione parziale. Cliccare su *"Accordo parziale"* solamente se un simile accordo è giuridicamente possibile.

Esito della proposta
Indicare per ogni singolo soggetto l'accettazione o il rifiuto della proposta.

Soggetto	Accettazione	Rifiuto espresso	Rifiuto tacito	Comandi
Tizio Demo	●	○	○	✎
Caio Demo	●	○	○	✎
Sempronio Demo	○	○	○	✎

○ Accordo parziale (selezionare solamente se è possibile un accordo parziale)
◉ Disaccordo

Firmatari del verbale
Indicare i soggetti che firmano il verbale. Per gli aderenti impossibilitati alla sottoscrizione, indicare il motivo.

Soggetto	Firmatario	Motivo impossibilità alla sottoscrizione	Comandi
Tizio Demo	✓		✎
Avv. Cicerone Marco Tullio	✓		✎
Caio Demo	✓		✎

Redige verbale di mancata conciliazione

In caso di accettazione della proposta da parte di tutti i soggetti, dopo alcuni secondi (in ragione della velocità della connessione) verrà visualizzato il campo di testo contenente l'accordo. Nel campo è riportata la proposta, al solo fine di correggere piccoli errori ortografici. La proposta, infatti, non va modificata, avendo le parti già manifestato il loro consenso su quel testo.

Esito della proposta
Indicare per ogni singolo soggetto l'accettazione o il rifiuto della proposta.

Soggetto	Accettazione	Rifiuto espresso	Rifiuto tacito	Comandi
Tizio Demo	⊙	○	○	✎
Caio Demo	⊙	○	○	✎
Sempronio Demo	⊙	○	○	✎

Accordo
Indicare esclusivamente l'accordo raggiunto dalle parti. Alla redazione del documento nella sua interezza, con tutti i riferimenti utili, provvederà in automatico il sistema.

[editor toolbar: ↺ ↻ B *I* U abc x₂ x¹ ... T ... Font default ▾]
[Size default ▾ ... ☰ ☰ ☰ ☰ ☰ ☰ ...]

testo della proposta su cui è stato raggiunto l'accordo.

Tribunale competente per l'omologazione [▾]

Selezionare il Tribunale competente per l'omologazione dell'accordo, indicare i soggetti firmatari del verbale o il motivo dell'impossibilità alla sottoscrizione, quindi cliccare sul pulsante *"Redige verbale di conciliazione"*.

Firmatari del verbale

In ogni caso di mediazione in presenza il sistema proporrà l'elenco dei soggetti facenti parte delle posizioni processuali aderenti alla procedura, al fine di conoscere chi fra questi sottoscriverà il verbale, in quanto presente all'atto della relativa redazione.

In caso di mediazione telematica il sistema non propone alcun elenco, in considerazione della già presupposta impossibilità alla sottoscrizione del verbale.

Firmatari del verbale
Indicare i soggetti che firmano il verbale. Per gli aderenti impossibilitati alla sottoscrizione, indicare il motivo.

Soggetto	Firmatario	Motivo impossibilità alla sottoscrizione	Comandi
Tizio Demo	☑		🖊
Caio Demo	☑		🖊

Agendo sull'unico pulsante presente nella colonna *"Comandi"* si potranno modificare i dati relativi a ciascun soggetto.

Il campo *"Firmatario"* serve ad indicare se il soggetto firma il verbale oppure no. Se selezionato, il soggetto dovrà firmare il verbale.

Se non selezionato sarà necessario indicare il motivo dell'impossibilità alla sottoscrizione nell'apposita colonna. Il dato immesso sarà riportato sul verbale. Occorre quindi digitare una sintesi della motivazione, che sia al contempo esaustiva e non eccessiva. Ad esempio: *"partecipazione telefonica"*, *"delega conferita a ...."*, ecc..

Verbale e chiusura definitiva

Dopo che si è cliccato sul pulsante *"Redige verbale di fine conciliazione"* o *"Redige verbale di conciliazione"* il sistema elaborerà in automatico il verbale e lo renderà visibile fra gli allegati.

A questo punto il mediatore dovrà leggere attentamente il verbale e, se lo trova privo di errori, darne lettura alle parti presenti, invitandoli alla sottoscrizione.

Se il verbale dovesse contenere degli errori (ad esempio: errate digitazioni nel testo dell'accordo, mancate adesioni di parti aderenti alla procedura, mancato riporto dei motivi dell'impossibilità alla sottoscrizione, ecc..) il mediatore potrà correggerli e rielaborare il verbale, semplicemente ripetendo l'operazione di chiusura ed elaborazione del verbale.

Quando tutto è compiuto senza alcuna obiezione delle parti e del mediatore, la procedura potrà essere definitivamente chiusa cliccando sul pulsante *"Si, sono sicuro"* che il sistema propone.

Redige verbale di conciliazione

Il verbale di chiusura della procedura è stato redatto ed è visualizzabile fra gli allegati! Ti invito ad una attenta lettura prima della chiusura definitiva. Se dovesse essere necessario apportare qualche modifica, si possono modificare i dati errati o mancanti ed effettuare una nuova elaborazione.

ATTENZIONE!
La chiusura della procedura attiva una serie di azioni irreversibili (elaborazione verbale, comunicazione alle parti del saldo dovuto, ecc..). In caso di errore non sarà possibile correggere!
Sei sicuro di voler procedere?

Si, sono sicuro   No, annullo l'operazione

Cliccando sul pulsante *"Si, sono sicuro"* il sistema invierà un messaggio alle parti di avvenuta chiusura, con relativa richiesta di pagamento della tariffa dovuta e non consentirà più al mediatore di modificare i dati.

Il verbale di chiusura inserito negli allegati del fascicolo, subito dopo la redazione, potrà essere visualizzato solamente dal mediatore. Infatti, le parti potranno visualizzarne il contenuto solamente dopo che abbiano provveduto a pagare le spese di mediazione ed abbiano trasmesso all'organismo la scheda di valutazione del servizio debitamente compilata. Alle relative attività di gestione provvederà l'organismo.

La procedura di chiusura elabora anche il compenso dovuto al mediatore e comunica a quest'ultimo, con messaggio di posta elettronica, il relativo importo, con invito ad emettere fattura pro-forma ai fini del relativo pagamento. Il pagamento sarà effettuato dall'organismo dopo l'avvenuto pagamento da parte di tutti i soggetti rappresentanti le posizioni processuali aderenti alla procedura.

Sottoscrizione delle parti e degli avvocati

Il verbale, sia positivo che negativo, va sottoscritto dalle parti presenti, mediante firma autografa posta negli appositi spazi ed alla presenza del mediatore.

In caso di verbale negativo, possono sottoscrivere anche i legali, se lo vogliono. Essi potranno apporre la loro firma a fianco quella dei propri assistiti. Se sono stati delegati dalla parte, firmeranno al posto di questa, anteponendo alla firma la dicitura *"Il delegato"* o altra similare.

La firma dei legali è invece necessaria in caso di conclusione dell'accordo. In tal caso la loro sottoscrizione dovrà essere preceduta dall'attestazione di conformità all'ordine pubblico ed alle norme imperative. La relativa dicitura viene riportata in automatico sul verbale.

Nel caso il verbale si componga di più fogli (che è poi l'ipotesi normale) occorre ricordarsi sempre di far ripetere le sottoscrizioni anche a margine di ciascun foglio, pena l'invalidità del verbale stesso.

Allegazione di documenti o di dichiarazioni al verbale

L'art. 11, comma 1, del D.Lgs. 4 marzo 2010, n. 28 testualmente recita: *"Le dichiarazioni rese o le informazioni acquisite nel corso del procedimento di mediazione non possono essere utilizzate nel giudizio avente il medesimo oggetto anche parziale, iniziato, riassunto o proseguito dopo l'insuccesso della mediazione, salvo consenso della parte dichiarante o dalla quale provengono le informazioni"*.

Occorre quindi prestare la massima attenzione ad allegare documenti e dichiarazioni a verbale. Solo se la parte che produce il documento manifesta il proprio consenso all'allegazione o lo richiede espressamente è possibile allegarlo.

Si deve poi trattare di dichiarazioni o informazioni acquisite **nel corso del procedimento**. Non è quindi consentito allegare al verbale atti e dichiarazioni risalenti a periodo antecedente all'inizio della procedura, neppure con il consenso del dichiarante o del producente.

E' bene anche precisare, in questa sede, che unico legittimato ad avanzare proposta di conciliazione avente valore legale e ripercussioni sul futuro giudizio, è il mediatore. Egli, pertanto, non dovrà consentire l'allegazione a verbale di mere proposte avanzate da una sola parte, anche con il suo consenso. Cosa diversa è a dirsi per eventuali dichiarazioni rese nel corso del procedimento, contenenti una proposta. Nel dubbio, comunque, è bene invitare la parte a produrre eventuale documentazione nel corso del giudizio.

Ad esempio, se una delle controparti dichiara con apposita nota di non voler aderire alla procedura e nel corpo della stessa nota richiede l'allegazione della stessa al verbale, il mediatore la allegherà al verbale. Ma se la nota, pur portando giustificazioni per la non adesione, non contiene espressamente il consenso all'allegazione al verbale, il mediatore non potrà allegarla, pena la violazione degli obblighi di riservatezza.

La linea di demarcazione è sottile, ma basta tenere a mente la necessità del consenso del dichiarante come linea di confine tra attività consentita ed attività non consentita.

L'allegazione di documenti al verbale viene assistita da sistema, allo scopo di assicurare sia che il verbale di chiusura contenga l'allegazione dei documenti, sia che di tale allegazione venga fatta menzione nel verbale stesso, mediante elencazione nella parte finale del verbale stesso.

Nella sezione allegati, quando si allega un nuovo documento è stato previsto un apposito campo denominato *"Da allegare a verbale"* selezionando il quale il documento che ci si accinge a caricare sul sistema sarà allegato al verbale di chiusura.

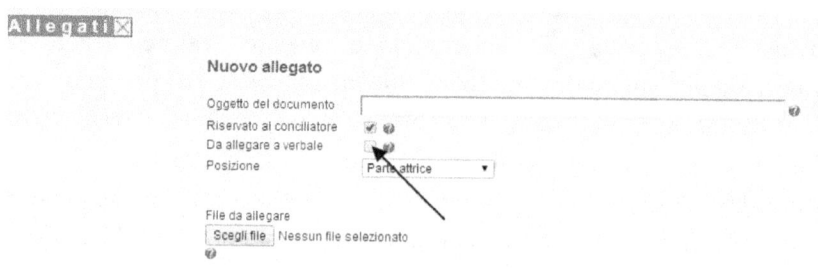

I documenti da allegare al verbale debbono essere esclusivamente in formato *pdf.*

Quando si seleziona il campo *"Da allegare al verbale"* è importante ricordarsi anche di indicare a quale posizione processuale attiene il documento allegato. Per fare questo utilizzare il campo *"Posizione"*, scegliendo una delle voci presenti.

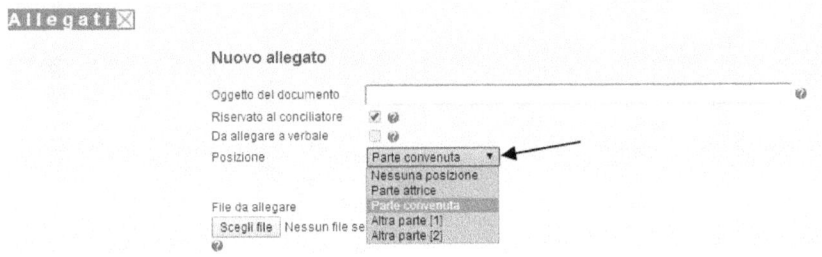

Adempimenti finali

Il verbale di chiusura, debitamente sottoscritto, andrà depositato presso la segreteria dell'organismo con le modalità indicate nell'email che l'organismo invierà al mediatore subito dopo la chiusura del procedimento.

Sarà l'organismo a rilasciare copia alle parti dopo il pagamento della tariffa.

www.ingramcontent.com/pod-product-compliance
Lightning Source LLC
Chambersburg PA
CBHW072257170526
45158CB00003BA/1092